2ᵐᵉ SESSION PROVINCIALE

CONGRÈS DES ORIENTALISTES

A MARSEILLE

—

1876

—

RÈGLEMENT

DE

LA SESSION PROVINCIALE DE MARSEILLE

MARSEILLE

BARLATIER-FEISSAT PÈRE ET FILS
Rue Venture, 19.

—

1876

COMITÉ LOCAL D'ORGANISATION

—∞∘⦂𝕆⦂∘∞—

MM. TENOUGI (l'abbé F.), vice-président de la Société de Statistique, *Président*.

TALON (J.), ✳, directeur de l'exploitation des Messageries Maritimes, *Vice-Président*.

ESTRANGIN (A.), ✳, directeur du Crédit Agricole, *Trésorier*.

BREITTMAYER (A.), ancien sous-directeur de l'exploitation des Docks, *Secrétaire*.

REINAUD (N.), ✳, professeur à la chaire arabe, *Secrétaire-adjoint*.

MM. AUBERT (A.), secrétaire-général de la Société de Statistique.

BAINIER (P.-F.), sous-directeur de l'École Supérieure de Commerce.

CHAILAN (Alfred), armateur.

MOREAU (Octave), assureur.

REBITTÉ (D.), professeur.

REICHLING (Paul), professeur.

REYNÈS (Pierre), ✳, directeur du Muséum

ROUX (Jules), fabricant de savon.

SALVADOR (E.), ✳, ancien sous-préfet.

ZAFIROPULO (Étienne), ✳, négociant.

SECRÉTARIAT
À Marseille, 2, place de la Préfecture

DÉLÉGATION SPÉCIALE
à Saint-Étienne, 29, rue de la République

INVITATION

Les études orientales ont été jusqu'à présent un domaine trop exclusif. Ce n'est qu'à grands frais et avec de grandes difficultés que les ouvrages sur l'Orient sont publiés dans des conditions qui laissent trop de personnes indifférentes à ces travaux.

Aussi l'Orient, que la vapeur a mis à nos portes, est-il encore un mystère au triple point de vue historique, géographique et commercial. Il importe que les études orientales deviennent un champ ouvert au public où toutes les activités puissent déployer aisément leurs forces.

Pour que ces études ne soient plus le partage exclusif de quelques privilégiés, pour que leurs résultats deviennent utiles soit à la culture intellectuelle des particuliers, soit au commerce et à l'industrie, soit aux bonnes relations des peuples séparés les uns des autres, moins par la distance que par l'ignorance réciproque des mœurs, des institutions et des langues, il faut répandre et vulgariser les éléments et les résultats des études orientales. Il faut que les savants dont le renom est consacré par ces études et les découvertes qu'ils y ont faites puissent facilement les porter à la connaissance du public.

Il faut aussi encourager et faire connaître les travaux des savants modestes qui, en dehors de tout cercle officiel, ont pris une place honorable dans le domaine des langues et de la science de l'Orient ; enfin il faut prêter un concours efficace à quiconque cherche à faire avancer l'Occident et surtout la France dans la connaissance de ces immenses régions dont nous avons à peine exploré quelques rivages. Et cependant le développement des relations internationales oblige chaque peuple à puiser largement dans les richesses commerciales de l'Orient, sous peine de rester en arrière et de passer peut-être du premier au dernier rang.

Pour répondre à ces nécessités qui s'imposent à la France plus encore qu'à tout autre peuple de l'Occident, a été conçu le projet des congrès provinciaux des Orientalistes. Le premier essai en a été fait en décembre 1874, à Paris Levallois, puis a eu lieu à Saint-Etienne, en octobre 1875, la première session provinciale du congrès des orientalistes. Réunir les orientalistes, c'était encourager leurs études, en propager le goût; c'était procurer à leurs travaux une publicité indispensable ; c'était les préparer eux-mêmes à figurer dignement aux sessions du congrès international où il importe que la France soit noblement représentée.

Quatre cents associés souscripteurs ont donné leur concours à cette session, où la Chambre de Commerce de Saint-Etienne a proposé à l'étude et à la discussion des orientalistes une série de questions ayant trait à la culture des vers à soie, à leurs maladies, au commerce de la soie et des autres tissus produits par divers genres de vers, au commerce intérieur des diverses provinces de la Chine, au moyen de mettre le commerce Français en rapport avec l'intérieur de ce vaste empire. Il a été à ce sujet exprimé le vœu « que les négociants français augmentent leurs rapports avec l'extrême Orient, que les voies et moyens leurs soient facilités, et que nos consuls et représentants *soient initiés au commerce comme à la diplomatie.*

La session de Saint-Etienne, dans sa dernière séance, a choisi Marseille pour le lieu de la deuxième session du Congrès des orientalistes en 1876. Aucune ville n'offre un champ plus favorable aux études orientales et n'est destinée à en retirer de plus grands avantages, puisque Marseille est, pour la France et pour l'Europe occidentale, la porte de l'Orient. On peut donc espérer que tout favorisera la réalisation d'une pensée généreuse et féconde.

Le Comité local d'organisation de la session de Marseille fait appel aux maîtres de la science, aux professeurs de nos grandes institutions nationales, aux savants de Paris et de l'étranger, aux universités, il fait appel aux membres des sociétés savantes des départements, aux savants de la province, aux amateurs moins connus du public, mais dignes d'occuper une place distinguée dans le domaine de l'érudition, aux hommes studieux dont les travaux sont encore inédits.

Il fait cet appel aux nombreux habitants de la ville de Marseille dont les relations avec l'Orient sont le plus glorieux apanage, et qui ne peuvent manquer de suivre avec intérêt les questions géographiques et commerciales qu'il compte y voir traiter par les personnes les plus compétentes.

Il s'adresse aux voyageurs et à tous ceux qui ont des intérêts ou des relations avec les pays d'Orient, aux protecteurs de la science, qui en désirent l'application à tous les besoins de la vie sociale, aux personnes généreuses qui s'intéressent a toute œuvre utile et humanitaire.

En un mot, le Comité local d'organisation fait appel à tout le public instruit, à tous les hommes de bonne volonté qui travaillent à l'avancement des connaissances humaines, qui sont disposés à faire quelques efforts et un modique sacrifice pour en favoriser le progrès et la décentralisation.

Le Comité aime à croire que les Dames voudront bien répondre à son invitation en se faisant inscrire comme membres de la session et honoreront les séances de leur présence.

Pour rendre plus agréable le séjour de Marseille aux souscripteurs étrangers, une commission spéciale sera chargée de remplir à leur égard les devoirs d'une hospitalité cordiale, et organisera en leur honneur, des visites aux ports, aux monuments publics, aux musées, aux manufactures, aux fabriques, aux établissements industriels, etc.

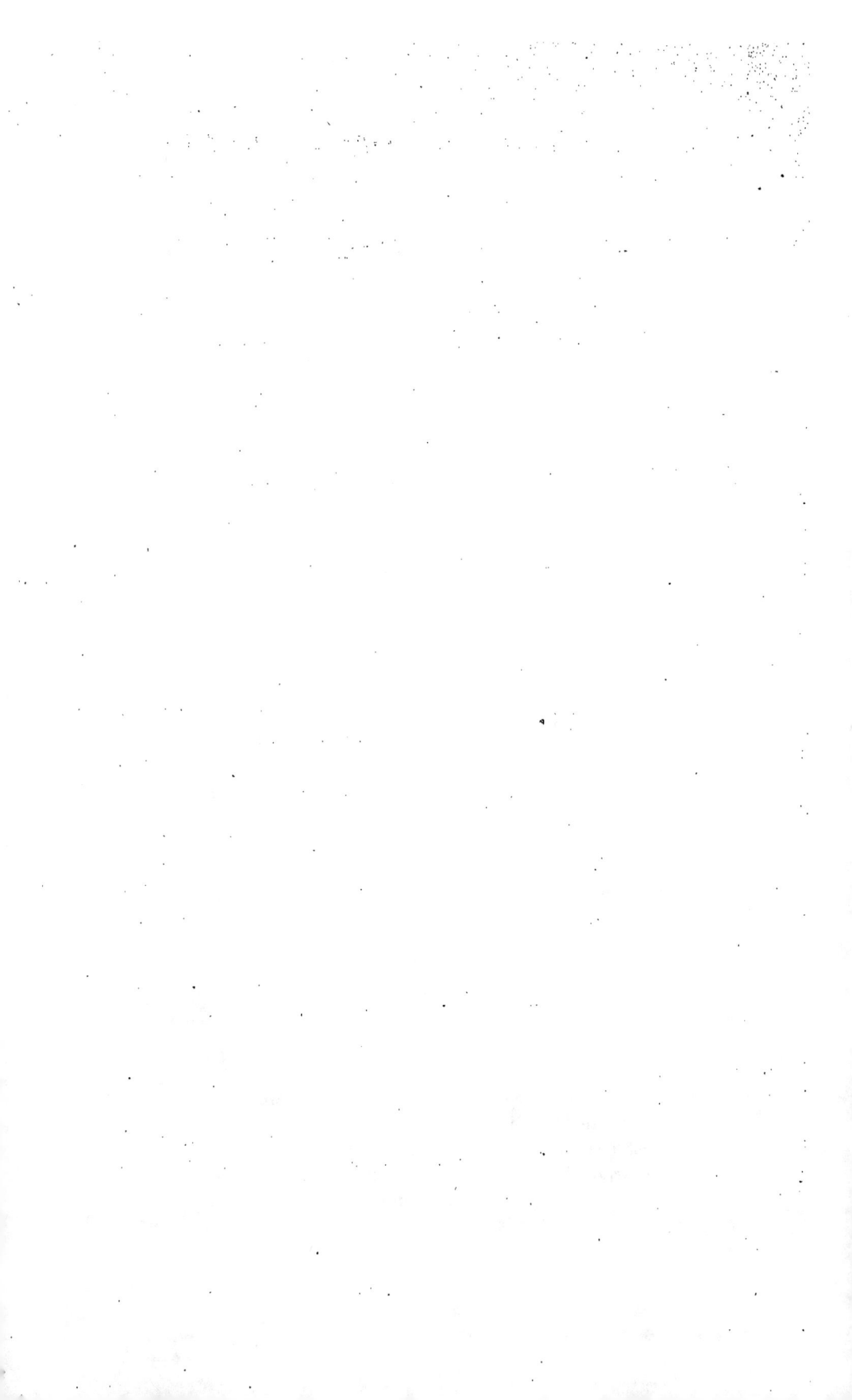

RÈGLEMENT

DE LA

SESSION PROVINCIALE DE MARSEILLE

(1876)

———∘∘⦂⦁⦂∘∘———

STATUTS

ARTICLE PREMIER.

Le Congrès provincial des Orientalistes a pour but de contribuer aux progrès des études ethnographiques, linguistiques et historiques relatives à l'Asie, à l'Océanie et à l'Afrique pour les encourager et les vulgariser en province et dans les colonies françaises ; il a aussi spécialement pour objet l'étude de la géographie de ces pays dans ses rapports avec leur commerce , leur industrie, leurs forces productives, leurs mesures et monnaies ; il s'occupe également de la législation commerciale, industrielle et maritime de ces contrées.

ART. 2.

La deuxième session provinciale du Congrès des Orientalistes aura lieu à Marseille et durera 7 jours (du 4 au 10 octobre 1876).

ART. 3.

Le Comité local d'organisation, constitué à Marseille, prépare la session en toute liberté d'initiative et d'action.

Il est chargé de centraliser les adhésions, les recettes et les dépenses, de délivrer des cartes de membres, de rédiger, publier et distribuer à l'avance le programme des séances et de prendre toutes les dispositions nécessaires pour l'organisation du Congrès et la tenue des séances. Il est chargé de la publication du compte-rendu des travaux de la session.

ART. 4.

Feront partie du Congrès et auront droit au compte-rendu imprimé de ses travaux, toutes les personnes et les sociétés savantes qui feront la demande d'une carte de membre, en remettant la somme de 10 francs, montant de la cotisation.

Les Dames seront admises à être membres de la session, au titre de membres ordinaires ou à celui de membres fondateurs, à leur choix.

Les membres du Congrès qui désireraient recevoir le diplôme de la session paieront, en plus, la somme de cinq francs.

Les Membres de la session, une fois leur souscription acquittée, restent en dehors de toute responsabilité financière.

ART. 5.

Les avantages faits aux membres souscripteurs de la session de Marseille, sont les suivants :

1° Droit de présentation de leurs travaux à la Commission d'examen et de ceux d'un tiers ;

2° Droit de discussion des travaux lus ou produits en séance ;

3° Droit gratuit au volume de la publication des travaux de la session de Marseille ;

4° Droit d'élection des membres du Comité du Congrès autres que les membres du Comité local d'organisation, droit d'élection du Président de la session et droit de vote pour toute question qui sera soumise à l'Assemblée ;

5° Droit de déléguer le vote à un tiers qui soit membre de la session ou de l'envoyer directement sous pli cacheté à la Commission centrale du Congrès.

Un membre présent pourra donc avoir un nombre de votes égal à celui des délégations qui lui auront été confiées.

ART. 6.

Le Comité local d'organisation nomme des délégués régionaux et étrangers chargés de le seconder, tant pour recueillir les souscriptions que pour réunir les travaux destinés au Congrès.

ART. 7.

Seront nommés *membres fondateurs* du Congrès de Marseille les personnes qui souscriront, à son profit, une somme de *cent francs* au moins.

Leurs noms seront inscrits sur la première page du volume du compte-rendu des travaux du Congrès, qu'ils recevront gratuitement.

ART. 8.

Le Comité local d'organisation peut nommer des membres correspondants parmi les savants étrangers et des membres d'honneur.

Les membres d'honneur ont droit d'assister aux réunions du Comité du Congrès.

Seront élus membres d'honneur les savants de nationalité étrangère qui viendront à Marseille et aussi les personnes notables qui auront rendus des services notoires à la session.

ART. 9.

Depuis l'époque de la formation du Comité local d'organisation, jusqu'à l'ouverture de la session, il y aura, tous les 8 ou 15 jours, des séances préparatoires, qui seront consacrées à l'organisation de la session. Elles se tiendront aux lieux successivement indiqués par le Président.

ART. 10.

L'Assemblée générale aura lieu le 29 mai et les membres souscripteurs et fondateurs procèderont à l'élection des membres du Comité du Congrès. Ce Comité se composera des membres du Comité local d'organisation qui ne seront pas soumis à l'élection et d'un nombre égal de membres élus par l'Assemblée du Congrès à la majorité relative des suffrages des membres présents et des membres délégués ; deux des membres élus devront être pris parmi les membres fondateurs.

ART. 11.

A la même séance, l'Assemblée générale élira, à la majorité relative des suffrages des membres présents et des membres délégués, le Président du Comité du Congrès, qui sera alors le Président de la session du Congrès de Marseille.

Il devra être choisi parmi les membres du Comité du Congrès.

Le Préfet du département des Bouches-du-Rhône est Président d'honneur du Congrès.

L'Assemblée élira ensuite deux Vice-Présidents ou assesseurs, également choisis parmi les membres du Comité du Congrès.

Le Secrétaire du Comité local d'organisation deviendra le Secrétaire général du Congrès.

Deux Secrétaires, chargés de la rédaction des procès-verbaux, seront nommés, sur la présentation du Président et du Secrétaire général, par le Comité du Congrès et devront être pris parmi les membres du Congrès.

En attendant la nomination par l'Assemblée générale des membres du Comité du Congrès, les membres du Comité local d'organisation en rempliront provisoirement les fonctions.

ART. 12.

Le travail d'organisation et les questions de détails concernant les diverses parties du programme du Congrès seront laissés aux soins de différentes Commissions composées de membres souscripteurs auxquels le Comité local ou le Comité du Congrès, qui le remplacera, fera appel. Chaque Commission nommera son Président. Les Commissions à établir seront déterminées par le Comité local jusqu'au 29 mai, et, ensuite, par le Comité du Congrès.

ART. 13.

Le Comité du Congrès statue sur toutes les questions administratives et sur tous les incidents relatifs aux travaux et aux séances. Il peut déléguer ses pouvoirs, pendant la session, à une Commission centrale, qui se composera du Président du Congrès, des deux Vice-Présidents de la session, du Président du Comité local d'organisation, du Secrétaire-général, du Trésorier, des deux Secrétaires-rédacteurs et de deux membres élus par le Comité du Congrès.

ART. 14.

La première séance du Congrès de Marseille sera publique.

Le Bureau du Congrès sera alors officiellement installé et les travaux de la session commenceront immédiatement.

ART. 15.

Quelques séances seront offertes, soit à la Chambre de commerce, ou aux Sociétés qui se sont donné pour mission la défense des intérêts commerciaux et industriels, soit aux Sociétés savantes de Marseille qui voudront bien honorer le Congrès de leurs communications et faire un programme des questions qu'elles désirent plus particulièrement entendre discuter devant elles, programme qui sera envoyé, le plus tôt que faire se pourra, aux savants compétents.

ART. 16.

Une séance, entièrement consacrée à la géographie, sera offerte aux personnes compétentes et notamment aux explorateurs qui voudront faire des communications au Congrès sur les pays qu'ils auront étudiés ou visités.

ART. 17.

Des séances de discussions scientifiques sur les questions spéciales du Congrès seront organisées selon les besoins et d'après les incidents qui se produiront.

Toute question ne pourra être discutée qu'après avoir été soumise à la Commission Centrale, qui autorise ou refuse la discussion.

ART. 18.

Le Bureau des séances sera choisi parmi les membres du Comité du Congrès et il s'adjoindra les savants les plus compétents dans les matières en discussion. Le Président du Bureau avertit les orateurs du temps qu'il peut leur accorder pour la discussion de chaque question et il veille à ce que l'orateur ne s'écarte pas du sujet qu'il a été autorisé à traiter.

ART. 19.

La presse sera invitée à toutes les séances de la session.

Messieurs les Rédacteurs auront des places réservées.

ART. 20.

A la dernière séance, l'Assemblée entendra la lecture d'un rapport sur les comptes financiers de la session, lesquels néanmoins ne pourront être clos qu'après la publication du compte-rendu des travaux.

A cette même séance, le Président du Congrès, si le vœu en a été émis, fera désigner par l'Assemblée, à la majorité relative des voix des membres présents et des délégués, la ville où se tiendra la session suivante.

ART. 21.

La publication du compte-rendu de la session est confiée au Comité local d'organisation, qui a plein pouvoir pour désigner les travaux qui pourront être insérés en tout ou en partie dans le compte-rendu.

ART. 22.

Une fois toutes les dépenses de la session et de ses publications soldées, le reliquat en caisse, s'il y en a un, sera distribué aux pauvres ou employé à l'encouragement des sciences selon la décision du Comité local, décision qui sera rendue publique par la voie de la presse.

ART. 23.

Les livres et manuscrits ou autres objets offerts au Congrès durant la session sans destination spécifiée sont acquis de droit à la Bibliothèque de la ville de Marseille en souvenir du deuxième Congrès provincial des Orientalistes.

En conséquence, les personnes qui enverront des mémoires et travaux sont prévenues que leurs manuscrits ne leur seront pas rendus.

ART. 24.

Le Comité local d'organisation du Congrès de Marseille se mettra à la disposition du Comité local de la ville qui lui succèdera pour lui fournir tous les renseignements et documents qui lui seront demandés.